예스어학원
여우네 부대찌개 2층

시원 쌤과 함께하면 영어가 쉬워져

KB049441

YES어학원

수업만 들어도
영어 단어 연결
100%

김밥처럼

여우네 부대찌개

라면 사리
가 쿠폰

예스잉글리시 신입 단원 모집

코드 네임 : 에스원 요원과 영어 유니버스를 구하라!

English Adventure
이시원의
영어
대모험

일러두기

이 책의 만화에 나오는 영어 문장 중 일부는 이야기의 자연스러운 이해를 위해 의역했습니다.
그 외의 영어 문장은 학습적인 이해를 돕기 위해 직역했습니다.

이시원의 영어 대모험 ⑦

조동사 should

기획 시원스쿨 | **글** 박시연 | **그림** 이태영

1판 1쇄 발행 | 2021년 1월 20일
1판 2쇄 발행 | 2021년 12월 10일

펴낸이 | 김영곤
마천사업본부 이사 | 은지영
신화팀장 | 김지은 **기획개발** | 윤지윤 고아라 서은영
아동마케팅영업본부장 | 변유경 **아동마케팅1팀** | 김영남 문윤정 이규림 고아라
아동마케팅2팀 | 이해림 최예슬 황혜선
아동영업팀 | 이도경 오다은 김소연 **특판영업팀** | 한충희
디자인 | 리처드파커 이미지웍스 **윤문** | 이선지

펴낸곳 | (주)북이십일 아울북
등록번호 | 제406-2003-061호
등록일자 | 2000년 5월 6일
주소 | 경기도 파주시 회동길 201(문발동) (우 10881)
전화 | 031-955-2155(기획개발), 031-955-2100(마케팅·영업·독자문의)
브랜드 사업 문의 | license21@book21.co.kr
팩시밀리 | 031-955-2177
홈페이지 | www.book21.com

ISBN 978-89-509-8498-4
ISBN 978-89-509-8491-5(세트)

* 잘못 만들어진 책은 **구입하신 서점**에서 교환해 드립니다.
* 가격은 책 뒤표지에 있습니다.

⚠ 주의 1. 책 모서리가 날카로워 다칠 수 있으니 사람을 향해 던지거나 떨어뜨리지 마십시오.
2. 보관 시 직사광선이나 습기 찬 곳을 피해 주십시오.

• **제조자명** : (주)북이십일
• **주소 및 전화번호** : 경기도 파주시 회동길 201(문발동) / 031-955-2100
• **제조연월** : 2021.12.10
• **제조국명** : 대한민국
• **사용연령** : 3세 이상 어린이 제품

만 화 로 시 작 하 는 이 시 원 표 초 등 영 어

English Adventure 이시원의 영어 대모험 7

기획 시원스쿨

글 박시연

그림 이태영

아울북 × S 시원스쿨닷컴

작가의 말

안녕하세요? 시원스쿨 대표 강사 이시원 선생님이에요. 여러분은 영어를 좋아하나요? 아니면 영어가 어렵고 두려운가요? 혹시 영어만 생각하면 속이 울렁거리고 머리가 아프진 않나요? 만약 그렇다면 지금부터 선생님이 영어와 친해지는 방법을 가르쳐 줄게요.

하나, 지금까지 배운 방식과 지식을 모두 지워요!

보기만 해도 스트레스를 받고, 나를 힘들게 만드는 영어는 이제 잊어버려요. 선생님과 함께 새로운 마음으로 영어를 다시 시작해 봐요.

둘, 하나를 배우더라도 정확하게 습득해 나가요!

눈으로만 배우고 지나가는 영어는 급할 때 절대로 입에서 나오지 않아요. 하나를 배우더라도 완벽하게 습득해야 어디서든 자신 있게 영어로 말할 수 있어요.

셋, 생활 속에서 자주 쓰이는 표현을 배워요!

우리 생활에서 쓸 일이 별로 없는 단어를 오래 기억할 수 있을까요? 자주 사용하는 단어 위주로 영어를 배워야 쓰기도 쉽고 잊어버리지도 않겠죠? 자연스럽게 영어가 튀어나올 수 있도록 여러 번 말하고, 써 보면서 잊지 않게 하는 것이 중요해요.

이 세 가지만 지키면 어느새 영어가 정말 쉽고, 재밌게 느껴질 거예요. 그리고 이 세 가지를 충족시키는 힘이 바로 이 책에 숨어 있어요. 여러분이 〈이시원의 영어 대모험〉을 읽는 것만으로도 최소한 영어 한 문장을 습득할 수 있어요.

단어와 단어를 연결하는 방법도 자연스럽게 익히게 될 거예요. 게다가 영어에 관련된 흥미로운 이야기들을 알게 되면 영어가 좀 더 친숙하고 재미있게 다가올 거라 믿어요!

자, 그럼 만화 속 '시원 쌤'과 신나는 영어 훈련을 하면서 모두 함께 영어의 세계로 떠나 볼까요?

시원스쿨 기초영어 대표 강사 **이시원**

영어와 친해지는 영어학습만화

영어는 이 자리에 오기까지 수많은 경쟁과 위험을 물리쳤답니다. 영어에는 다른 언어와 부딪치고 합쳐지며 발전해 나간 강력한 힘이 숨겨져 있어요. 섬나라인 영국 땅에서 시작된 이 언어가 어느 나라에서든 통하는 세계 공용어가 되기까지는 마치 멋진 히어로의 성장 과정처럼 드라마틱하고 매력적인 모험담이 있었답니다. 이 모험담을 듣게 되는 것만으로도 우리 어린이들은 영어를 좀 더 좋아하게 될지도 몰라요.

영어는 이렇듯 강력하고 매력적인 언어지만 친해지기는 쉽지 않아요. 우리 어린이들에게 영어는 어렵고 힘든 시험 문제를 연상시키지요. 영어를 잘하면 장점이 많다는 것은 알지만 영어를 공부하는 과정은 어렵고 힘들어요. 이 책에서 시원 쌤은 우리 어린이 주인공들과 영어 유니버스라는 새로운 세계로 신나는 모험을 떠난답니다.

여러분도 엄청난 비밀을 지닌 시원 쌤과 미지의 영어 유니버스로 모험을 떠나 보지 않을래요? 영어 유니버스의 어디에선가 영어를 좋아하게 된 자신의 모습을 발견하게 될지도 몰라요.

글 작가 **박시연**

영어의 세계에 빠져드는 만화

영어 공부를 시작하는 어린이들은 모두 자기만의 목표를 가지고 있을 거예요. 영어를 잘해서 선생님께 칭찬받는 모습부터 외국 친구들과 자유롭게 영어로 소통하는 모습, 세계적인 유명인이 되어서 영어로 멋지게 인터뷰하는 꿈까지도요.

이 책에서는 어린이들이 공감할 수 있도록 영어를 배우며 느끼는 기분, 상상한 모습들을 귀엽고 발랄한 만화로 표현했어요. 이 책을 손에 든 어린이들은 만화 속 인물들에게 무한히 공감하며 이야기에 빠져들 수 있을 거예요. 마치 내가 시원 쌤과 함께 멋진 모험을 떠나는 것 같은 기분을 느낄 수 있도록요.

보는 재미와 읽는 재미를 함께 느낄 수 있는 만화를 통해 영어의 재미도 발견하기를 바라요!

그림 작가 **이태영**

차례

등장인물

영어를 싫어하는 자,
모두 나에게로 오라!
굿 잡!

시원 쌤

비밀 요원명 에스원(S1)
직업 영어 선생님
좋아하는 것 영어, 늦잠, 힙합
싫어하는 것 노잉글리시단
취미 잠입하기
특기 콧물 흘리기
성격 귀차니스트 같지만 완벽주의자
좌우명 영어는 내 인생!

부대찌개 먹으러
우리 가게에 와용,

폭스

비밀 요원명 에프원(F1)
직업 여우네 부대찌개 사장님

러브, 진짜 악당이 뭔지
우리 실력을 보여 주자!

스마일

직업 노잉글리시단의 중간 보스
좋아하는 것 부대찌개, 힙합
싫어하는 것 예스잉글리시단
취미 영어 질리게 하기, 벌주기
특기 거짓말하기
성격 잘난 척쟁이
좌우명 악독한 악당이 되자!

애오오옹~.

러브

좋아하는 것 근육 트레이닝
싫어하는 것 빅캣

꼭 구독 눌러 줘!

루시

좋아하는 것 너튜브 방송, 후의 생각 읽기
싫어하는 것 나우
좌우명 일단 찍고 보자!

헤이~요! 나는 나우!
L.A.에서 온 천재 래퍼!

나우

좋아하는 것 랩, 힙합, 루시 골탕 먹이기
싫어하는 것 영어로 말하기, 혼자 놀기
좌우명 인생은 오로지 힙합!

후

좋아하는 것 축구
싫어하는 것 말하기
좌우명 침묵은 금이다!

역시 예스어학원으로
옮기길 잘했어!

리아

좋아하는 것 시원 쌤 응원하기
싫어하는 것 빅캣 타임
좌우명 최선을 다하자!

내 말을 믿게 해야

아론

우릴 잊지 마!

감기에 걸린 시원 쌤

우웩! 내가 지금
뭘 찍은 거야!
요우~ 리스펙트~
콧물 들이켜기!
푹 푹
어떡해… 쌤이
많이 아픈가 봐.

구독자 여러분~
오늘은 아픈 쌤을 위해
'루시의 감기 정복기'로
가 볼게요!
척
네가 doctor냐?
킥킥!
그럼! 내가
메디컬* 드라마를
얼마나 많이 봤는데!
탕 탕
루시, 드라마는
현실이랑
다르잖아.

* medical[ˈmedɪkl]: 의학의.

* 분홍색 단어의 발음이 궁금하다면 143쪽을 펼쳐 보세요.

루시의 첫 번째 처방! 실내 온도를 높인다!

지금도 따뜻한데 온도를 더 높인다고?

ON

디리링

정말 효과가 있을까?

당연하지, 감기는 따뜻해야 낫는다고!

요우~ 진짜?

쌤을 위해 이깟 더위쯤이야 참을 수 있어!

으으으~
열이 더
나는 것 같아.
콜록
게다가 기침이
더 심해지고 있어!
콜록
콜록

그럼 그렇지! 루시,
이제 어쩔 거야?
탕
이상하네.
왜 효과가 없지?

아하! 바로
그거야!
딱

쌤! 이 담요를 덮어요.
어때요, 훨씬 낫죠?
에취!!
루시야,
너, 너무 더워!

요우~ 루시는
터리터리 엉터리!
YO~
아니야! 곧 효과가
나타날 거라고!
똑똑 박사 나우 님이
나서야겠군.
뒤적
뒤적
척
핵폭탄
떡볶이?
체킷아웃~♬ 우리 할머니는
감기에 걸리면 고춧가루 팍팍 넣은
떡볶이를 만들어 주셨지!
폭탄 떡볶이
척
컴온 요~♬
감기엔 역시
매운 고춧가루!
윽! 매운 냄새!
사람이 먹을 음식이
아닌데?
윽, 교실 전체가
매운 냄새로
가득해!
서, 설마 나더러
저걸 먹으라고?

나우의
성의를 생각해서
먹어야겠지?
HIP
HOP

하하하…!
떠, 떡볶이가
참 빨가네!

터업

화르르
입안에서 불난다~
으으~ 매워!

그럼 그렇지! 나우, 너!
쌤 골탕 먹이려고
일부러 그런 거지?
노놉~ 완전 아니거든!
그러는 너는?
버럭
깜짝
얘, 얘들아…
그만 싸우렴….

슈우우웅
갑자기 웬 공?
콰악
헐, 더운 담요에 매운 떡볶이에 힘든 운동까지…?
후는 매일 운동해서 감기에 안 걸린대요. 쌤도 운동하면 나을 거래요.
팡
팡
팡
쌤, 힘내요!
요우~♪ 파이팅!
쌤이 곧 쓰러질 거 같아.

피~잉
윽! 어지러워….

쌤, 정신 차려요!
쌤, 죽으면 안 돼염!
으으
털썩

헉헉…! 재들한테 간호를 받느니 차라리 수업하는 게 낫겠어.

너희 덕분에 정신이 바짝 드는구나. 수업을 시작하자!

훌렁

구독자 여러분~ 아픈 몸을 이끌고 수업을 하다니, 우리 쌤 최고죠?
HIP HOP
우주 최고 영어 강사는~ 시~원 쌤~♬
하아 하아

* 분홍색 단어의 발음이 궁금하다면 143쪽을 펼쳐 보세요.

head는 머리니까
headache는….
그… 그게….
으윽, 머리 아파!

굿 잡! 그래, 바로
두통이라는 뜻이야.
넹?
Good job!
후훗!
역시 나야, 나!

어헝~ 어헝~♪
나우는 잘알~ 잘알~
영잘알~♬

빠각

얼어걸린 거면서
잘난 척은!

fever
runny nose
cough

슥슥
슥

훌쩍

fever는 열,
runny nose는 콧물,
cough는 기침이라는
뜻이야.

훌쩍

* 분홍색 단어의 발음이 궁금하다면 143쪽을 펼쳐 보세요.

쌤,
괜찮아요?
패앵
오늘 수업은
여기까지 어때염?

그럴 순 없지.
다만 너희한테
감기가 옮을까 봐
걱정이구나.

그런 걱정 마세요!
제가 마스크* 사 올게요!
벌떡
아뇨~ 제가
사 올게염!
벌떡
너 수업 듣기
싫어서 그러지?
나 따라오지 마!
다다다다
파
파
파
애오옹~.
절대 아니거든!
내가 갈 거야!

* mask[mæsk]: (얼굴을 가리거나 보호하기 위한) 마스크.
* 분홍색 단어의 발음이 궁금하다면 143쪽을 펼쳐 보세요.

마스크 좀 주세요!
저부터 주세염!
약국
다다다
벌컥
우리 쌤이 감기에 걸렸거든요!
맞아염! 그래서 마스크가 필요해염!
뭐? 쌤이 아프다고?
으악, 깜짝이야!
스으윽
오 마이 가스레인지! 웬 새 가면?

야~옹
이건
고양이 소리?
응?
냐아앙~.
고양이도
새 가면을 썼잖아?
근데 저 고양이
어디서 본 거
같은데?
아유, 참! 이건
새 가면이 아니라
마스크란다.
툭
툭
엥? 그게
마스크라고염?
무슨 마스크가
그렇게 생겼어요?
넘 멋있어염!
으스스하기만 한데,
뭐가 멋있다는 거야?

오예~ 득템!
나우야, 같이 가!
다다다 다다

크흐흐흐! 임무 완수!
후유~ 들킬 뻔했다냥!

30분 전
짱
NO.1 잉글리시

끄아아아아아아

오호호홍~ 이 정도는 들어 줘야 벌이지!

하아
후유~ 살았다.

하아
못 돌아오는 줄
알았다냥~.

알겠습니다…!
생각만 해도
무, 무섭다냥~!
111 유니버스에서처럼
또다시 나를 방해하면
무제한 영어 듣기 지옥을
맛보게 해 주겠다!
하아
하아
헉
헉

이게 뭔지
알아?
웬 새
가면이에요?
척
스마일이 가지고
있는 건 왠지
다 무섭다냥~!

멍청한 것들!
이건 마스크다!
휘익
이게
마스크라고요?

에이전트 시원이
감기에 걸려서
곧 예스잉글리시단
아이들이 마스크를 사러
약국으로 갈 것이다.
그때 그걸 전해
주는 게 너희 임무다!

시원이 이 마스크를 보면
내 초대에 응할 수밖에
없을 거야!
오호호홍

그 웃음소리만 떠올리면
정말 무섭다냥~.
덜덜덜덜

깜짝
쌤,
제가 멋진 마스크를
구해 왔어염!
벌컥
보면
놀랄걸요?
cold
headache
어떤
마스크길래?
에취!
척
허억!
이, 이 마스크는
설마…?
두
둥

Chapter 2

스마일의 위험한 초대장

얘들아, 이 마스크를
어디서 구한 거니?
약국에서 공짜로
받았는데염?
fever
runny nose
cough
HIP HOP
전 맘에 안 들었는데,
나우가 받아 왔어요!

이 새 부리 마스크는
특별하고 무서운 거란다.
덜덜

마스크가 무서운
거라고요?
마스크가 왜
무서워염?

흑사병이라는
병에 대해
들어 본 적 있니?

흑사병요?

처음 들어 보는 병인데염?

중세 유럽에서 유행했던 전염병으로, 하마터면 유럽 전체가 없어질 뻔했단다.

유럽이 없어져요?

당시 유럽 인구의 3분의 1 정도가 이 병으로 죽었단다.

피부에 검은 반점이 생겨서 '흑사병'이라고도 하고, 페스트균이 원인이라 '페스트'라고도 하지.

주로 페스트균에 감염된 쥐에 기생*하는 벼룩이 옮긴다고 해. 너무 끔찍한 병이라 영어로 **the Black Death**, '검은 죽음'이라고 하지.

맙소사!

오 마이 가스레인지!

갑자기 쥐가 무서워졌어요!

* 기생: 서로 다른 종류의 생물이 함께 생활하며, 한쪽이 이익을 얻고 다른 쪽이 해를 입는 일.

* 분홍색 단어의 발음이 궁금하다면 143쪽을 펼쳐 보세요.

쌤! 그런데
그 마스크랑 흑사병이
무슨 관련이 있어요?

이 새 부리 마스크는
흑사병을 치료하던 의사들이
쓰던 마스크였어.
요우~♪
정말요?

왜 특별하고
무섭다고 했는지
이제 알겠지?

유니버스 가운데
흑사병이 널리 퍼진
곳도 있단다.

무슨 일이 생길지 모르는 곳이라
우리 비밀 요원을 파견했는데,
어떻게 이 마스크가….

스윽

어휴~ 나우가 또
사건을 만들었네,
만들었어!

아, 그럼 그게
비밀 요원의
마스크인 거예요?

툭
오잉? 이게 뭐지?

이, 이건 스마일의 초대장…?
Invitation
Dear Siwon!
from Smile

요우~ 뭐라고 적혀 있어염? 빨리빨리!
HOP

스마일이 흑사병이 유행하는 444 유니버스로 오라는구나.
그 위험한 곳으로요?

쌤! 가면 안 돼요!
맞아염!
HIP HOP

아무래도 쌤은
가야 할 거 같구나.
왜요?
Invitation
Dear Siwon!
from Smile
안 돼염!

이 마스크는
우리 비밀 요원이 아주
소중히 여기던 거야.
스윽

스마일이 이 마스크를 보낸 걸
보니 그 요원한테 무슨 일이
생긴 것이 틀림없어.
척

헉! 그런
거예요?

그러니 가 봐야지.
모른 척할 수는 없단다.

콜록!
콜록!
에취
몸도 안 좋은데
어떻게 가요.
맞아염!
쉬어야 해염.

척
예스잉글리시단의 에이전트, 시원이라면 몸이 아파도 출동해야지! 슬라고 고고!
파
팍
팍
팍
슈
우
우
휙
팟
슬라고~ 만능 방어막으로 변신!
휘리릭
휙
콜록
콜록
아이고, 찬바람과 함께 왔구나.

너희 설마, 아픈 쌤을 혼자 보내려는 건 아니지?

같이 가 줄 거라 믿고, 너희가 흑사병에 안 걸리게 주사를 놓아 방어막을 칠 거란다.

척

슬라고! 준비됐지?

꺄악! 주사 싫어요!

노놉~ 저는 주사 공포증 있어염!

슈우우우

저도요!

푸욱
아얏!
푹
푹
으악!
살려 주세염!
엄마야!
푹
슬라고,
너무해!
워메~
아픈 것!
그래도 흑사병에
걸리는 것보다는
낫겠지?
물끄러미
슬라고~
444 유니버스로
출동!
콰아아아

콰아아아아

쌤,
무서워요!

얘들아,
모두
조심하렴!

서,
설마…!

와썹~
567 유니버스 때랑
똑같은 이동이네염!

휘이이이이~

차아
요우~ 살았다.
구독자 여러분~ 444 유니버스예요!
루시, 지금 방송할 때가 아니라고!

리아야, 괜찮아?
응, 괜찮아.
척
후, 너도 괜찮지?

차아아

콜록콜록~ 콜록콜록~.

쌤, 괜찮아요?

감기가 더 심해진 거 같아염.

쌤이 쉴 곳을
찾아야겠어.
휘익
으악!
깜짝이야!
두
둥

으헉! 괴,
괴물이다!

애들아, 진정하렴.
새 부리 마스크를
썼을 뿐이야.
콜록
콜록

진짜 새 부리
마스크잖아!
그럼 저
사람은 의사?
정말
의사라고?

안녕? 나는
의사 수습생
아론이라고 해.
스윽
구독자 여러분,
다행히 괴물은
아니었네요.
척
콜록
콜록
스웨웨웩~
반가워, 아론.
나는 영잘알
나우라고 해.
안녕?
난 리아야.

여긴 영국 런던이야.
너희는 어디서 왔니?
우린 아주
멀리서 왔어.
맞아.
엄청 멀어.

저기 아론….
그 마스크를
좀 벗는 게 어때?
I ♥ NY
그건 절대 안 돼.
지금 흑사병이
유행하고 있거든.

환자들을 치료하려면
의사는 마스크를 꼭 써야 해.
스승님이 그랬어!

얼굴 보고 인사하고 싶은데 잠깐도 안 돼?
끙
그 무시무시한 마스크가 정말 비호감이라고!
요우~ 내 눈에는 멋있기만 한데?
패션의 일도 모르는 너는 조용히 좀 해!
쌤! 그거 저도 좀 써 봐도 될까염?
파앗
HIP HOP
스웨웨웩~ 어때? 나도 잘 어울리지?
HIP HOP
헉! 그 마스크는?

그 마스크 좀
줘 봐!
파악
왜?

이 S마크는
우리 스승님 건데…?
헉! 우리 비밀 요원이
아론의 스승이었다니!

이 마스크 대체
어디서 난 거야?
아! 약국에서
공짜로….

약국…?
그, 그런 게
있어.

콜록콜록! 아론,
그런데 네 스승님은
지금 어디에 있니?
콜록 콜록
그게….

우리 스승님께선
환자들을 치료하다가
흑사병에 걸려 그만….
훌쩍
헉!

스승님의 물건인 이 마스크는 제가 가져도 될까요?

그럼, 물론이지. 하지만 시간을 좀 줄래? 조사를 마친 뒤에 줄게.

무슨 조사요? 혹시 흑사병요? 너무 위험한데….

걱정하지 마렴. 흑사병에 안 걸리게 방어막을 두르고 왔지.

방어막요? 그게 뭐죠?

그 방어막은…
콜록! 콜록! 콜록!

엥?
스윽
마른기침에
검은 반점은 없으니
흑사병은 아니겠어요.

그래,
네 말이 맞….
You have a cold!*
콜록
콜록

앗! 방금 아론이
영어로 말했어!
맞아,
나도 들었어!
HIP
HOP

일반 동사 have는
'가지다', '소유하다'라는 뜻 외에도
'병이 있다'라는 뜻도 있단다.
하아
하아

* 당신은 감기에 걸렸어!

* 이시원 선생님이 직접 가르쳐 주는 강의를 확인하고 싶다면 145쪽을 펼쳐 보세요.

아하~ 아론은
쌤이 감기에 걸렸다고
말한 거구나!
딱
쌤! 방금 아론이
말한 문장이
힌트일까요?
허억… 헉…!
그, 그럴지도….
빵야~ 빵야~
힌트가 나타났다는 건
444 유니버스에 에러가
생겼다는 거네염?
HIP HOP
헉헉…!
그, 글쎄….
앗, 이럴 줄
알았어.
엄청 뜨거워!

You have a fever!*
앗! 아론 말이
또 영어로 들렸어!
그럼 이 문장도
힌트인 건가?
저 힌트는 그럼
'열이 있다'라는 뜻인가염?
이 유니버스는 아픈 게
문제인가 봐염!
그럴지도….
털썩
환자를 빨리
병원으로!

* 당신은 열이 있어!

점성술사 마스터 야옹 님

터벅
저기가 우리 병원이야.
Hospital*
그냥 평범한 집으로 보이는데….
터벅
와썹~♪ 중세 시대 병원에 와 보다니!
터벅

일단 여기에 눕히자.
척
오! 여기가 병원이구나!
킁킁~ 이게 무슨 약초 냄새야?
아론, 우리 쌤을 잘 치료해 줘.

* hospital[ˈhɑːspɪtl]: 병원.

나우라고 했지?
우물에서 물 좀
떠다 줄래?
예썰~!
후다닥
HIP HOP
너희는 물수건으로
쌤의 얼굴과 발을
닦아 줘.
으음…!
응, 알았어!
그런데 그 마스크는
정말 벗으면 안 돼?
척
응, 안 돼!
방
으아! 패션 너튜버로서
용서가 안 된다!
척
방
루시… 진정해!
건강이 먼저야!

쳇, 겁쟁이가 어떻게 의사를 해?
뭐라고?
의사가 병에 걸리면 환자들도 위험하니까 당연히 조심해야지!
아~ 네, 네! 그러세요?
요우~ 시원한 우물물이 왔어염!
철렁
철렁
어서 물수건이나 만들어!
두고 봐. 언젠가 꼭 마스크를 벗기고 말 테니까!
루시야….
쌤, 얼른 나아요.
구독자 여러분~ 과연 아론이 쌤을 낫게 할 수 있을까요?
슥슥
쿵
쿵
쿵
슥슥

이걸 먹으면
열이 내릴 거야.
낑낑
오~ 정말?
낑낑

이게 뭐야? 약초즙이야?
우리 엄마가 먹는 건강
주스 같아! 맛있어 보여.

그럼 맛 한번
볼래?

푸욱
어디
한번….

우웁!

우웩~
엄청 쓰잖아!
내 혀!
꺄악

맛있어
보인다며?
이제 보니
너 좀 얄미운
스타일이구나!

휘이이이
Hospital

fever는 열….
headache는
두통….
쿨쿨
쿨쿨
드르렁
cough는
기침….
HIP HOP
호이이잇!

허억…
허억…!
하아
하아
이제 곧
괜찮아질 거예요.

드르렁
HIP HOP
드르렁

꽈악
HIP HOP

아얏! 누구야!
벌떡
HIP HOP
철퍼덕

으하암~ 시끄러워!
누가 내 볼을 꼬집었어?
킥킥킥! 나우야, 혹부리 영감 같아.

어? 여기가 어디지?
스르르

쌤, 정신이 들어요?
쌤, 괜찮아요?
요우~ 리스펙트~ 아론의 약초즙이 쌤을 살렸어염!

고맙구나, 아론. 네가
밤새 간호해 준 덕분에
많이 나아졌어!
그래도 아직은
조심해야 해요.
쳇! 의사가
맞긴 하네.

콰악
아론은 환자한테
최선을 다하는 의사구나.

저 잠깐
나갔다 올게요.
휙

스윽
아침부터
어딜 가니?
런던 곳곳에
흑사병 환자들이
넘쳐 나고 있어요. 그래서
그들을 보러 가요.
척

그렇다면 우리도 함께 가자꾸나.
스윽
아니에요. 좀 더 쉬어야 해요.
어린 네가 환자들을 돕는데, 어른인 내가 누워 있을 수만은 없지.
척
척
구독자 여러분~ 흑사병과 싸우는 루시의 활약을 기대해 주세요!
요우~ 플렉스~♬ 나우는 흑사병과 싸우는 흑기사~♬
HIP HOP
저기 얘들아… 그렇게 신나게 가도 될까?
아유, 생각보다 엄청 시끄럽군!
정 가고 싶으면 다들 이 마스크부터 써요!
괜찮단다. 우린 방어막이 있으니까.
대체 뭘 믿고 저러지…?
맞아~ 우린 안전하다고!

하하하하하
와아아~
토미 잡아라!
흑사병에 시달리는
마을이라고?
깔깔깔
흑사병은커녕
세상 행복해 보이는걸?
오예~ 오예~♪
행복한 마을~♬
아론, 마을을 잘못
찾아온 거 아냐?
아니, 이 마을 사람들
대부분이 흑사병에 걸렸어.
맞아! 아픈 사람처럼
안 보이는데?
말도 안 돼!

으앗!
퍽

아론 형,
미안!
휘익

토미, 잠깐만!
콰악

왜 그래,
형?
콧물 자국이
가득한데?

아닌데!
나 괜찮은데!
어디 좀 봐!
잘 놀고 있는
애한테 왜 그래?
스윽
HIP HOP
와썹~♪
그만해, 아론!

눈도 살짝 풀렸네?
너 괜찮은 거 맞아?

어?
주룩

주룩

주르륵

후룩

에이, 왜 자꾸
뭐가 나오지?
척
You have a runny nose!*

*너는 콧물이 나!

* 그는 콧물이 나!
** 그녀는 콧물이 나! *** 그들은 콧물이 나!

I have a runny nose!*
콧물이 나니까
괜히 아픈 것 같아.
나도 그래.
우리 스승님이
그러셨어. 흑사병
초기 증상 중에 하나가
콧물이 나는 거라고.

그럴 때는 푹 쉬는 게
좋다고 하셨어.

이건 내가 만든
약초즙이야.
이걸 먹으면
덜 아플 거야.
척

정말 효과가
있을까?
못 믿겠어.
난 안 먹을래.
나도!
휘익
얘들아,
그 약초즙 먹고
꼭 쉬어야 해!

* 나는 콧물이 나!

해커 씨네
개가 새끼를
열 마리나 낳았대!
해커 씨는
좋겠네!
호호호
나도 한 마리
달라고 해야지.
하하
콜록!
콜록!
호호

어? 방금
기침했죠?
스윽
헉!

뭐, 뭐야?
아론이잖아.
여긴 왜 또
왔어?
흥
우리 마을에는
아픈 사람 없거든!

큼… 큼…!
아무래도 어디가
아픈 것 같은데요?
들썩

난 멀쩡하니까
빨리 가, 가라고!

콜록!
콜록!
응?

기침 소리가
났어요!

아니거든!
아니라고!
내가 틀림없이
들었는데….

들썩
에… 에…
에….
들썩

에취
철퍼덕
윽!

쓱
쓱쓱
이래서
내가 마스크를
못 벗는다니까.

우리 스승님이
기침도 흑사병의
초기 증상이랬어요.
스윽

아, 아니야! 그냥
목이 간지러웠다고.
아닌 거 같은데,
밤새 힘들었죠?
휙

들썩
글쎄, 아니라고….
에… 에….
들썩

에에에취
사사삭
으아악!

* 당신은 기침을 해! ** 나는 기침을 해!
*** 그녀는 기침을 해! **** 그는 기침을 해!

피부에 검은
반점은 뭐죠?
척
You have
the Black Death!*
아니야,
아니라고!
버럭
우리 스승님이
흑사병에 걸렸을 때는 여럿이
모여 있지 말고 힘든 일도
하면 안 된다고 했어요.
기침이 또!
콜록
콜록
여러분,
얼른 집으로
돌아가서 쉬세요!
그런 다음
제가 만든 이 약초즙을
마셔 보세요.
쓰윽
척
척
아론!
우리 마을에
엉터리 의사는
필요 없다!

* 당신은 흑사병에 걸렸어!

촌장님, 마을 사람들이
당장 치료를 받아야
한다고요!
척

아론, 네가 우리를
치료하겠다는 거냐?
그, 그게…!

여러분! 아론이 우리를
치료할 수 있대요!
푸하하하!

아, 아니
저는….

제가 알기로는
아론은 훌륭한
의사인데요?
시원 쌤…!
척

팡
팡
팡
아론이 제 감기도
낫게 해 주었답니다!
쌤, 아파요!

흥, 그 아론이
아픈 스승을 버리고
달아난 것은
알고 있소?
뭐라고요?

아론…
저분들이 오해하고
있는 거지?

아뇨, 촌장님 말이 맞아요.
스승님처럼 흑사병에 걸릴까 봐
무서워서 달아났거든요.
!
그…
그런 일이!

역시 겁쟁이였군. 어쩐지 마스크를 안 벗더라….
요우~ 아론한테 실망~ 실망!
뭔가 사정이 있지 않았을까?
HIP HOP
I ♥ NY

스승을 두고 달아난 겁쟁이 의사는 필요 없다! 당장 우리 마을에서 사라져!
버럭

그래도 모두 치료를 받아야 해요!

이대로 가면 다 죽을 수도 있다고요!

우리한테는 마스터 야옹 님께서 주신 이 '스타워터'가 있다! 이 물약만 있으면 흑사병은 안녕이야!

그 물약은 믿을 수 있나요?
발끈
시끄러워!

여러분! 위대한 마스터 야옹 님께서 주신 스타워터로 흑사병의 공포에서 벗어납시다!

와

스타워터로 흑사병을 이겨 내자!

와아

신성한 스타워터!

치이익

마스터 야옹 님! 감사합니다!

촤아아아

아론, 저 물약이
대체 뭐길래
사람들이 저래?
점성술사
마스터 야옹이
만든 건데,

저 물약만 마시면
흑사병을 막을 수
있다나 봐.
점성술사?
점성술사가 뭐야?
I ♥ NY
HIP HOP

점성술사란,
S

별의 빛이나
위치 등을 보고 앞날을
판단하는 사람을 말하지.
엥?
그게 가능해요?
그게 가능하다면,
사람들이 점성술사를
믿을 만하네요!

우리 스승님이
병을 치료하려면
하늘의 별이 아니라
환자를 봐야 한다고 했어!
아론의 스승님은
진짜 멋진 의사였네.
내 생각도
그래.
사람들이 스타워터만 믿고
치료를 안 받아서
흑사병이 자꾸 퍼지고 있어.
어헝~ 어헝~♬
점성술사는 터리터리
엉터리~♪
맞아, 점성술사는
엉터리 사기꾼이야.
그치만 사람들은
모두 그를 믿어.
체킷아웃~♬
그런데 마스터 야옹은
왜 야옹이야? 설마
고양이는 아니겠지?
으음…!
아무래도
수상한데….
그게
실은….

둥
헉! 이 소리는
설마…?
저, 저게
대체 뭐야?
둥
둥
오 마이 가스레인지!
빅빅빅! 엄청 크다!
둥
둥
완전 특종감이야!
위대한 점성술사,
마스터 야옹 님이
나오신다!
둥
둥
둥

둥
둥
둥
둥
Meow House
런던 시민들이여!
내가 스타워터를 나눠 줄 테니,
흑사병 따윈 두려워하지 마라!

Chapter 4

자신감을 잃어버린 아론

둥
둥
둥
저게 바로 점성술사 마스터 야옹이야. 저 거대한 텐트는 야옹 하우스지.

오늘은 꼭 마스터 야옹이 거짓말쟁이라는 걸 보여 주겠어!
아론, 조심해!
파앗

캭
카악
으아악! 사, 살려 줘!
캭

아론,
어서 피해!
무턱대고
뛰어들면 어떡해!
겁이 많은 줄 알았더니
겁 없는 녀석이네?
다다다다다

다들
멈춰라!
멈칫
멈칫

후유~
큰일 날 뻔했다.
하아
하아
헉
헉
고양이
너무 무서워!

아론, 또 너냐?
척

우리 스승님이
흑사병 환자에게는
그에 맞는 치료가
필요하댔어!

어리석기는!
이 마스터 야옹 님이
별들의 기운을 모아 만든
스타워터만 있으면
모든 게 해결된다니까!

우리 스승님이 점성술로는
흑사병을 치료할 수
없다고 했어!

오직 의술로만 흑사병을
치료할 수 있다고 했지!

좋아!
이 마스터 야옹 님의
능력을 보여 주겠다!
애오오옹~
흥! 뭘 어떻게
보여 줄 건데?
바로 저
태양!
척
나의 능력으로
저 태양이 눈앞에서
사라지게 하겠다!
와썹~♪
그건 마법 아니야?
엄청 자신만만해
보이는데?
쨍

말도 안 돼!
탁
만약 그렇게 된다면 점성술을 인정할게!
태양아~ 태양아!
애오오옹~
이 점성술사의 명령을 따라라!
사라져라, 사라져라! 태양아, 사라져라!
여러분, 보세요! 아무 일도 안 일어나잖아요!

오호호홍! 오늘이 바로
444 유니버스에서 개기 일식이
일어나는 날이란 걸 모르겠지!
스윽

스스스스…

두둥

헉! 구독자 여러분~
정말로 태양이
사라졌어요!
이…
이럴 수가….

흐음…! 아무래도
저건 개기 일식 같은데….

둥

다들 똑똑히 봐라!
점성술사
마스터 야옹 님의
위대한 능력을!

와아아!
마스터 야옹 님
만세!
와
와아아
위대한 점성술사
마스터 야옹 님!
와
와
더 이상 흑사병은
두렵지 않아!

이건 있을 수
없는 일이야.
믿을 수 없어….

런던 시민들이여~
너희에게 기쁜 소식을
알려 주겠노라!
또 무슨
꿍꿍이지?

예스잉글리시 신입 단원 모집

코드 네임 : 에스원 요원과 영어 유니버스를 구하라!

예스어학원
여우네 부대찌개 2층

시원 쌤과 함께하면
영어가 쉬워진다!

YES어학원

수업만 들어도
영어 단어 연결
100%

여우네 부대찌개

런던 시민들이여, 스타워터를 맘껏 마시며 별자리 맞춤 치료를 받을 수 있는 야옹 하우스로 오라! 마스터 야옹 님이 흑사병을 치료해 주겠다!

뭐? 쥐라고?
스승님이 쥐는
위험하다고 했는데!
으윽,
징그러워!
이런, 어떻게든
마을 사람들을
말려야 해!
HIP
HOP
노놉~
그러다 흑사병에
걸리면 어쩌려고?
와아아!
쥐를 잡자!
쥐를 잡아서
야옹 하우스에
가자!
흑사병을
치료받자!
와
와아아
일이 점점
커지고 있어.
와
찍
찍
와
찍찍

으하하하! 쥐다! 쥐를 잡았다!
와아아
찍찍
어서 가자!
야호! 나도 잡았다!
와아
찍찍

아론, 너는
겁쟁이야!
부끄러운
줄 알아!
당장 우리
마을에서
사라져!
마을 사람들에게
난 스승님을 버린
겁쟁이일 뿐이구나.
누굴 탓하겠어.
내 잘못인걸….
탁
탁
탁
탁
으흐흐흑!
아론,
돌아와!
포기하면
안 돼!
사람들
말이 맞아!
난 의사 자격도
없어!
흑흑흑

훼방꾼 아론도
사라졌으니,
야옹 하우스로 가자!
와
와아
와아
우르르
마스터 야옹 님!
쥐를 잡아 왔어요!

환영합니다, 여러분!
야옹 하우스의 집사,
스마일이라고 해요.
스윽

척
오호호홍~
쥐를 이 자루에 넣고,
차례로 들어오세요.

오오! 드디어
야옹 하우스에
들어가 보는구나!
우아,
빨리 들어가자!
너무
기대되는걸?
훗!!
와
후다닥
휘익
와아

그 이상한 점성술사
때문에 이 유니버스에
문제가 생긴 거야.

그래. 그래서 힌트가 들렸을 거야.
have는 굉장히 많은 경우에
쓸 수 있는 동사인데, 유독
아픈 증상을 이야기할 때만
들리고 있거든.

그 점성술사가
흑사병을 퍼뜨린 게
확실해염!

그 마스터 야옹은
노잉글리시단이겠네요?

어쩌면 마스터 야옹은 그냥 진짜 대단한 점성술사가 아닐까?
아냐! 그 점성술사는 생긴 것부터 고양이 같은 게 이상하다고!

하지만 마스터 야옹이 태양을 없애는 걸 똑똑히 봤잖아!

맞아, 진짜 신기했어!

쌤이 보기에 그건 개기 일식 같았어.
그게 뭐예요?

태양과 달과 지구가 일직선으로 놓일 때, 달이 태양을 가려서 태양이 보이지 않는 자연 현상이지. 노잉글리시단이 이 유니버스를 자세히 조사한 모양이야.

그러니 스마일이 초대장을 보냈겠지.
앗, 그렇네요!

이 유니버스 문제의 해결책이 무엇인지는 아직 전혀 모르겠지만 말이다.

구독자 여러분, 마스터 야옹이 진짜 대단한 점성술사면 어쩌죠?
루시! 너 자꾸 엉뚱한 소리 할래?
HIP HOP
쌤 생각에는 흑사병이 더 퍼지지 않도록 우리도 힘을 보태야 할 것 같구나!
제 생각도요!

그래도 흑사병에 걸린
스승님을 두고 달아난 건
좀 비겁하지 않아?

마스크도 절대 안
벗는 걸 보면 아론은
분명 겁쟁이야.

사정이 있었겠지.
들어 보지도 않았잖아!

흥! 사정이고 뭐고,
스승님을 버리고
달아난 건 사실이잖아?
너도 그럴 거야?

야! 난 의리의
사나이라고, 맨!

애들아, 우리끼리
싸우지 말자.
타악

루시도 가끔 무서워서
달아나고 싶을 때가 있지?
그, 그렇긴
하죠.

어른인 쌤도
그럴 때가 있어.

아론은 아직
어린이잖아.
겁이 날 수 있지.

처음엔 무서워서
스승님을 두고
달아났지만…
힐끔

잘못을 뉘우치고 돌아와
지금은 흑사병과 싸우고 있잖아.
그런 용기 있는 모습을 우리가
응원해야 하지 않을까?
네, 맞아요.
제 생각이
짧았어요.
HIP
HOP

휙

그럼 쌤은 아론한테 가 봐야겠다.

끼이~

응?

멈칫

아론, 잠깐 옆에 앉아도 되겠니?
스윽
네….

혹시 스승님 생각을 하고 있었니?
척
맞아요….

나는 사실 네 스승님의 친구란다.
스승님이 지금 네 모습을 본다면
틀림없이 자랑스럽게 생각할 거야.
하지만 저는
스승님을 두고
달아났는걸요.

그때는 너무
겁이 나서….
주르륵

괜찮아. 그때가 후회돼서
지금 더 열심히 환자들을
돌보고 있잖니?
흑흑!
토닥

자, 이제 이 마스크를 쓰고
흑사병과 싸워 이겨 내자!
네 스승님도 그걸 바랄 거야!
척
네,
그럴게요!

앗, 잠깐만요! 마스크 안쪽에 무슨 쪽지가 붙어 있어요.

툭

헉! 스, 스승님께서 흑사병을 치료하기 위해 스스로 병에 걸렸대요.

뭐라고? 그게 정말이니?

그리고 근처 숲에서 흑사병에 걸린 쥐들이 유독 싫어하는 풀을 발견했대요!

글썽

오! 그 풀이 흑사병 치료제가 될 수도 있겠구나!

네! 스승님도 그렇게 적어 놓았어요!

아론! 우리도 도울 테니, 스승님 뜻에 따라 꼭 치료제를 만들어 보렴!
콰악
네! 제 손으로 꼭 만들 거예요!

스승님이 말씀하신
그 풀부터 찾으러
가야겠어요!
척
아뵤~
그래, 쌤도
함께 가자!
애들아, 저기 저 숲이야.
날 믿고 도와줘서
정말 고마워!
당연히
도와야지!
다다다다다
렛츠 겟 잇~!
여러분~ 도대체
약초는 어디에
있을까요?
이 흑기사, 나우 님이
찾고야 만다!
이건가?
아님 저건가?
두리번
두리번

스승님이 말씀하신
그 약초를 꼭 찾아야 해!

쥐 떼잖아!
그런데 몸에 반점이?
우르르
찍찍
찍찍

끼이익
찍찍
찍찍
찍찍

쥐들이 저 풀을
피하잖아?
저 풀이 틀림없어!
!
찍찍
찍찍

쿵
쿵
쿵
쿵

쿵
아론, 치료제는
잘 만들고 있니?
쿵
쿵
네!
스승님께서
말씀하신 대로
하고 있어요.

저기, 아론!
쿵
쿵
네?

네가 스승님을 얼마나
존경하는지 잘 알고 있어.
하지만 지금부터는….

네 스스로 판단하고,
행동하는 의사가 되었으면
좋겠구나.

아… 네.
무슨 말인지
잘 알겠어요!
끄덕
그래, 넌 충분히
훌륭한 능력을
가진 의사란다!

둥
찍찍
찍찍
찍찍
찍찍
그런데 흑사병에
걸린 쥐는
왜 잡아 온 거야?
치료제를
만드는 데 도움이
될 것 같아서요.

쌤, 저기 뜨거운 물 좀
가져다 주세요!
그래.
휙

아악!
응?

아론,
무슨 일이니?
휙
별거 아니에요.
쥐한테 물렸어요.

뭐?
어쩌다!
일부러요.
제가 흑사병에 걸리면
이 치료제를 쓸 수
있잖아요.

그러면 이 치료제가 진짜 효과가
있는지 확실히 알게 될 거예요!
콱

아론…
그렇게까지
하다니!
이 의지라면
반드시 치료제를
만들 수 있을 거야!
멋지다, 아론!
콰악

엉망진창 야옹 하우스

빠라밤

드디어 에이전트 시원의
활약을 보여 줄 시간이군!
야옹 하우스의 음모를
파헤치겠어!

빰! 빰! 빰! 빰!

Meow House

빠라밤

휘릭
휘릭
아뵤!!
파
앗
턱
쿠당탕탕
으아악…! 저, 저게 뭐야…?
아이고, 허리야….

맙소사…!
다들 여기서 대체
뭘 하는 거지?
두
첨벙
첨벙
뻐끔
뻐끔

둥
슥 슥
슥
메에~
슥 슥
메에~

위대한 점성술사 마스터
야옹의 정체는 바로
나의 사랑스런 펫, 러브지!

척

역시 이 모든 게
스마일 당신이 꾸민
음모였군!

스윽

흑사병 환자들을
치료해 주고 있는데
음모라니?

저런 엉터리 같은
치료가 어디 있어?
오히려 병을
악화시키고 있잖아!

오호호홍~

메에~

메에~

우리의 치료는
아주 과학적이라고!
특별히 보여 주지!
흥! 과연
그럴까?
휘익

척
이곳은
물고기자리
사람들이 치료받는
곳이지.

물고기처럼
수조에 들어가
치료를 받는 거야.
세계 최초 별자리
맞춤 치료법이지!
아니, 이런
이상한 방법을!
둥
뻐끔
뻐끔

이곳은 물병자리 사람들이 치료받는 곳이야.

설마 물병을 문지르는 건 아니겠지?

슥

동

슥슥

슥

딩! 동! 댕!
애오옹~.
말도 안 돼!
빠직

그게 말이 돼?

못 믿겠으면 환자들한테 직접 물어봐!
오호호홍~

여러분, 그만해요. 그러다 병이 점점 더 악화되고 말 거예요!

무슨 소리야! 우린 흑사병이 다 나았다고!
이게 다 마스터 야옹 님 덕분이라고!
아…! 말이 안 통하네.
휙
어때, 내 말이 맞지?

자, 여긴….
호호
말 안 해도 알겠군. 시소를 타고 노는 걸 보니 천칭자리네!
깔깔
하하하

여긴 양자리 환자들이야.
설마 이 사람들, 양 울음소리를 내는 거야?
메에에~
메에~
메에~

이런 말도 안 되는
방법으로 치료를
하다니…!

충격받아서
기침이 다시
나오네!
콜록
콜록

오호호홍, 혹시
너도 흑사병에
걸렸나 보지?
절대 아니야.
감기 후유증이라고!

어쨌든 치료를
받아야겠군.
아니,
사양할게!
절레
절레

따라오면
내 음모에 대해
알려 주지.
뭐?
정말이야?
스윽

어흥~
어흥~
어흥~

헉! 내가
사자자리인 건
어떻게 알았지?
노잉글리시단의
중간 보스로서
그 정도는
기본이지.

자! 빨리
치료를 시작해!
내가 이런 바보
같은 짓을
할 것 같아?
척

으르르릉
어흥!
하하…!
그, 그게
아니라….

크흑! 이게
무슨 망신이야!
끄응…

그나마 애들이
안 봐서 다행이야!
크아앙
크아아앙
어때, 병이 저절로
낫는 것 같지?
애오옹~!
오호호홍
컥!

뻐끔
뻐끔

저 사람들도
병이 악화되고
있을 거야.

슥슥
슥슥

이대로 두고
볼 수는 없어!

저런 엉터리 치료법 말고,
의사에게 제대로 된
치료를 받아야 할 텐데.

메에~
메에~

여러분~ 별자리 맞춤 치료법은 완전 엉터리입니다!

오히려 병을 악화시킬 뿐이라고요!

척

지금 당장 저 녀석을 잡아 와!

잡았다!
콰악
콱
아,
촌장님?

감히 내 치료를
방해하다니!
털썩
쳇, 이런
엉터리 치료의
속셈이 뭐야?

좋아, 약속대로
알려 주마.
!
대체 무슨
속셈이지?

흑사병으로 중세 영국
인구의 절반이 줄어들었다는
사실, 알고 있겠지?

만약 인구 전체가
사라져 버린다면
어떻게 될까?

설마 중세 영국 사람들을
모두 없애서 영어까지
사라지게 하려고…!
오호호홍~
바로 알아듣다니,
제법이군!

스마일… 당신은
최악의 악당이야!
칭찬
고마워.

여러분도 방금 들었죠?
마스터 야옹과 스마일은
여러분을 해치려 하고 있어요!

푸하하하!
무슨 헛소리야?
우리는 흑사병이
다 나았다고!
여러분은 지금
착각하고 있는 거예요!
병은 점점 악화되고
있다고요!
한번만 더
마스터 야옹 님을
모욕하면
용서 못 해!

대체 무슨 말을
하는 건지
모르겠군.
쿡쿡쿡
하하
이렇게
건강하다고!
우리는 이미
다 나았어!

푸하하하!
이젠 정말 다
나은 것 같아!
하하
헤헤

이렇게 신나게 놀면서
병을 치료하다니!
와
와아
역시 마스터 야옹 님은
위대한 점성술사야!
야옹 하우스에서
영원히 살고 싶어!
호호호
하하하

* 아니, 그들은 흑사병에 걸렸어!

훗!!
훗~ 겁쟁이 의사가 돌아왔군!

신경 쓰지 마, 아론.
요우~ 루시 말이 맞아.
주춤
흑사병을 퍼뜨리다니, 너무해요!

아론, 넌 용기 있는 진정한 의사라는 걸 잊지 마!
훌쩍~

우리 스승님이 진정한 의사는 병을 두려워하지 않고, 환자를 살피고 돌봐야 한다고 했어요!

그런 의미에서 나는 이제 진정한 의사라고요!
콱
구독자 여러분~ 아론 정말 멋있죠?

오호호홍
아니, 너 같은
겁쟁이는
절대로 의사가
될 수 없어!

좋아요. 그럼 내가
진정한 의사라는 것을
보여 주죠!

아저씨, 몸이
심하게 떨리네요?
물이 많이
차가운가요?

뭐,
뭐라고?
수조 속이 추워서
견디기 힘들죠?

아, 아니야!
나는 멀쩡해!

그럼 어디 한번
손을 줘 봐요.
스윽
손은 왜?

아저씨 몸이 너무 떨려요.
저는 여기 계신 분들의 병을
꼭 낫게 해 드리고 싶어요!
덜덜덜

그, 그게
실은…!
휙
휙

네 말이 맞아!
그동안 너무 추웠어.
와락
저렇게
나약하다니!

You have a chill!*
앗! 아론이
영어로 말했어!
어헝~ 어헝~♪
증상을 나타내는
힌트, 힌트!

* 당신은 오한이 있어!

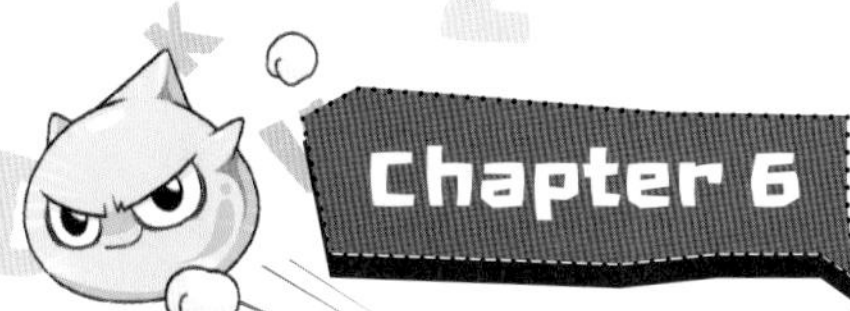
Chapter 6

스마일이 떠난 이유

오한은 흑사병
초기 증상이에요. 어서
집으로 돌아가서 쉬세요.
쓰담
쓰담

그리고 이 치료제를 먹으면
흑사병이 나을 거예요.
척

You have a chill!*
덜덜

아줌마도요.
덜덜

걱정 마세요!
덜덜

* 당신은 오한이 있어!

* 그는 오한이 있어! ** 그녀는 오한이 있어!
*** 그들은 오한이 있어! **** 너는 두통이 있어!

* 나는 두통이 있어! ** 그는 두통이 있어!
*** 그녀는 두통이 있어! **** 그들은 두통이 있어!

* 당신은 흑사병에 걸렸어!

** 당신은 검은 반점이 있어!

어? 나한테도 있어!

으아악! 나도…!

분명히 별자리 맞춤 치료를 받으면 흑사병은 저절로 낫는다고 했는데?

스마일! 사람들이 슬슬 너와 마스터 야옹을 의심하는 것 같은데?

이런!

He has black spots!*

They have black spots!**

* 그는 검은 반점이 있어!
** 그들은 검은 반점이 있어!

위대한 마스터 야옹 님께서
사악한 병에 맞서는 더 강력한
스타워터를 만들고 있다!

화악

마스터 야옹 님께서
강력한 스타워터를?
그럼 진짜로
흑사병이 낫는 건가?
후유,
이젠 살았다.

여러분, 더 이상 속으면 안 됩니다!
마스터 야옹은 치료는커녕 병을
더 악화시킨 가짜 점성술사라고요!

파악

그래,
아론 말이 맞아!

I have black spots!*

우~

우~

I have a cough!**

I have a fever!***

* 나는 검은 반점이 있어! ** 나는 기침을 해!
*** 나는 열이 있어!

저길 봐라! 새로운
스타워터가 왔다!
저게 바로
새로운 스타워터?
앗! 마스터
야옹 님을 닮은 새야!
이번에는 정말
나을 수 있는 걸까?
마스터 야옹 님이
개발한 새로운
스타워터를 마시면
흑사병이 바로
나을 것이다!
마스터 야옹 님,
만세, 만세!
위대한 점성술사
마스터 야옹 님!
새로운 스타워터
나도 마실래!

여러분 속지 마세요!
콰악
헉!
깜짝이야?
갑자기 왜
소리를 질러?

촤아악
여러분 모두
스타워터가
효과 없다는 거
알잖아요!

새로운 것도
똑같아요!

어? 정말
그러네!
검은 반점이
그대로야.
쳇, 이대로는
안 되겠어.
그러는 너도 치료제가 없는 건
우리와 똑같잖아!

척
아뇨, 전 달라요. 저에게는 흑사병 치료제가 있다고요!
우리 스승님께서 남겨 주신 자료로 제가 직접 만들었어요!

그게 진짜 흑사병 치료제라는 걸 어떻게 믿지?
뭐라고요…?
아직 그걸 먹고 나은 사람이 없잖아? 그러니 어떻게 믿냐고!
그럼 흑사병에 걸린 사람들한테 약을 먹여 보면 되잖아!
휘익
오호호홍
오호호홍~! 누가 그런 검증도 안 된 약을 먹어?

그렇다면 제가 먼저 먹어 보겠습니다!

척

헉! 아론 네가…?

넌 흑사병에 걸리지도 않았는데, 무슨 소용이지?

I have the Black Death!*

흑사병에 걸린 쥐에게 일부러 물려 저도 흑사병에 걸렸어요. 제가 만든 치료제가 효과가 있는지 직접 확인하려고요!

두둥

* 나는 흑사병에 걸렸어!

우아,
겁쟁이 아론이 저렇게
미남이었다니!
요우~ 리스펙트~♬
흑사병을 치료하려고
스스로 병에 걸리다니!
대단하다,
아론!
HIP HOP
이런 꽃미남 얼굴은
구독자 친구들한테도
보여 줘야 해.
지금부터 제가 이 약을
마실 테니, 모두 보세요!
꿀꺽
꿀꺽
으으~.
스윽
꺄,
완전 멋져~!
잠잠
서, 설마
실패한 건가…?

오호
얼굴이 그대로잖아? 역시 엉터리야!
호홍
오, 이런! 반점이 사라진다!
스스스스
헉! 아, 안 돼!
아론! 루시의 너튜브 방송 '꽃미남 특공대'에 출연해 주지 않을래? 네가 나오면 조회 수가 분명 폭발할 거야.
샤~방~
방
방
방
방
나는 아론을 믿겠어!
헉! 이게 무슨 소리야?

아론, 너의 말을 믿을게!

우리를 낫게 해 줘. 아론!

너는 진정한 의사야!

여러분이 들어 주신다면, 아론의 치료법을 알려 드릴게요.

방긋

* 당신은 손을 씻어야 해! ** 당신은 잠자리에 들어야 해! *** 당신은 쉬어야 해!

I should see a doctor!*

와

He should see a doctor!**

She should see a doctor!***

와 와 와 와아 와 와아

We should
see a doctor!****

*나는 의사를 만나야 해! **그는 의사를 만나야 해!
***그녀는 의사를 만나야 해! ****우리는 의사를 만나야 해!

* 이시원 선생님이 직접 가르쳐 주는 강의를 확인하고 싶다면 146쪽을 펼쳐 보세요.

위이잉
척
척
척

휙
얘들아, 스타캣들이 무언가 발사할 모양이다! 모두 조심해!

다
다
퍽
퍽
퍽
퍽
퍽
퍽
다
앗, 따가워! 엥? 뾰족뾰족 별사탕이잖아?
다 다

와아아~ 별사탕이다!
노놉~ 별사탕은 내 거라고!
와
와아
정말 달콤해.
별사탕 전부 내 거!
와
흐억! 별사탕으로 아이들을 사로잡다니!

F
슈우우우우
아직 몸이 회복되지 않았으니, F찬스를 쓸 수밖에!
전투 모드 폭스 출동!
에이전트 시원의 F찬스 긴급 요청, 오버!
쿠
파아앗
헐, 우주 정거장 유니버스에 부대찌개 배달 오신 그 아저씨잖아?
와썹? 나는 처음 봐썹!

노잉글리시단의
악당 나와라! 나와서
무릎 꿇는다! 당장!
후우웅

헉!
다, 당신은
미소 쌤…?
여우네 부대찌개의
폭스 사장님…?

우아앙, 미소 쌤!
다시 만나서
베리베리 기쁘다앙~.
와락
뭐, 뭐야?

흥~
웃기시네!
빵
끄악!

나의
미소쌤이…!
난 노잉글리시단의
중간 보스, 스마일이라고!

아무래도 폭스 사장에게
내 정체를 들킨 것 같군.
일단 철수닷! 가자, 러브!
파닥
파닥
애오오옹~.
파닥
Mission
clear
파앗
444 유니버스
미션 클리어, 오버!

내 부대찌개를
가장 맛있게 먹어 주던
미소 쌤이 노잉글리시단의
중간 보스라니!
으아아앙

그만 울고,
맛있는 부대찌개
만들러 갑시다.

엉엉

컴 백!
미소 쌤~!

또 부대찌개 잘 먹는
손님이 나타날 거예요.

이상해.
스마일이 왜
저 아저씨를 보자마자
공격을 포기하고
달아났을까?

엉엉

미소 쌤이 누군데
저렇게 우는 거지?
정말 이상해!

스웨웨웩~
화장실이 급했던 게
아닐까?

예스어학원
수업 시간
1교시 단어 Vocabulary
2교시 문법 1,2,3 Grammar 1,2,3
3교시 게임 Recess
4교시 읽고 쓰기 Reading & Writing
5교시 유니버스 이야기 Story
6교시 말하기 Speaking
7교시 쪽지 시험 Quiz
HIP HOP
예스어학원의 수업 시간표야!
공부를 시작하기 전에
시간표 정도는 봐 둬야겠지?

예스잉글리시단 훈련 코스

4단계를 통과하면
너희는 예스잉글리시단
단원이 되어 영어를
지키는 유능한 전사가
될 것이다!

1단계 단어 훈련

영어 단어를 확실하게
외운다! 실시!

2단계 문법 훈련

영어 문법을 차근차근
배운다! 실시!

3단계 읽고 쓰기 훈련

영어 문장을 술술
읽고 쓴다! 실시!

4단계 말하기 훈련

영어로 자유롭게
대화한다! 실시!

TOP SECRET

사실 예스잉글리시단
훈련 코스라는 건 아무도
모르겠지? 큭큭!

step 1. 단어 강의

영어의 첫걸음은 단어를 외우는 것에서부터 시작된단다.
단어를 많이 알아야 영어를 잘할 수 있어. 그럼 7권의 필수 단어를 한번 외워 볼까?

No.	증상	Symptom
1	감기	cold
2	흑사병	the Black Death
3	열	fever
4	콧물	runny nose
5	기침	cough
6	오한	chill
7	목앓이	sore throat
8	두통	headache
9	복통	stomachache
10	치통	toothache

No.	건강	Health
11	병원	hospital
12	약국	drugstore*
13	의사	doctor
14	간호사	nurse
15	환자	patient
16	약사	pharmacist
17	청진기	stethoscope
18	주사기	syringe
19	질병	disease
20	건강	health

증상과 건강에
관련된 단어네?

HIP
HOP
콜록~ 나 cold
걸렸나 봐!

너 공부하기 싫어서
꾀병 부리는 거지?

* drugstore에서는 약 이외에 화장품과 식품도 함께 살 수 있습니다. 의사가 처방한 약만 파는 곳은 pharmacy입니다.

원어민 발음 듣기
QR코드를 찍어 봐!

No.	몸	Body
21	위	stomach
22	치아	tooth
23	어깨	shoulder
24	등	back
25	가슴	chest

No.	몸	Body
26	허리	waist
27	배	belly
28	손가락	finger
29	팔꿈치	elbow
30	발목	ankle

step 2. 단어 시험

아플 때, 어디가 어떻게 아픈지
생활 영어로 말할 수 있도록
단어를 확실하게 외워 두자!

단어를 확실하게 외웠는지 한번 볼까? 빈칸을 채워 봐.

- 감기 ________________
- 열 ________________
- 기침 ________________
- 두통 ________________
- 의사 ________________
- 약국 ________________
- 질병 ________________
- 위 ________________
- 치아 ________________
- 배 ________________

• 정답은 162~163쪽에 있습니다.

step 1. 문법 강의

일반 동사 have는 '가지다', '소유하다'라는 대표적인 뜻을 나타내.
have가 he, she, it과 같이 3인칭 단수 주어 뒤에 올 때는 모양이 has로 바뀌지.
have는 대표적인 뜻 외에도 '(병이) 있다, (감정이) 들다, (경험을) 겪다, (행사를) 열다, (시간을) 보내다, (아기 등을) 낳다, 먹다, 마시다' 등 다양한 뜻으로 쓰여.
일상 대화 속에서 활용된 have의 뜻과 have를 대신해서 쓸 수 있는 다른 동사들도 함께 알아 두면 도움이 될 거야.

have의 뜻	have와 비슷한 뜻을 가진 동사
소유하다	**own** 소유하다, **get** 얻다
먹다	**eat** 먹다, **drink** 마시다
(시간을) 보내다	**spend** 보내다
(행사를) 열다	**throw** (파티를) 열다, **open** (행사를) 시작하다
(병이) 있다	**catch** (병에) 걸리다

그럼 eat이나 drink 대신 have를 써도 되는 거예요?

우선 have를 사용해 문장을 만들고, have가 들어가야 할 자리에 비슷한 뜻을 지닌 동사를 대신 넣는 연습을 해 보자! have는 다른 동사들처럼 주어 뒤에 오고, 부정문을 만들 때는 have 앞에 do not(don't)을 붙이면 돼. 주어가 무엇이냐에 따라 do의 모양이 달라진다는 것은 잘 알고 있지?

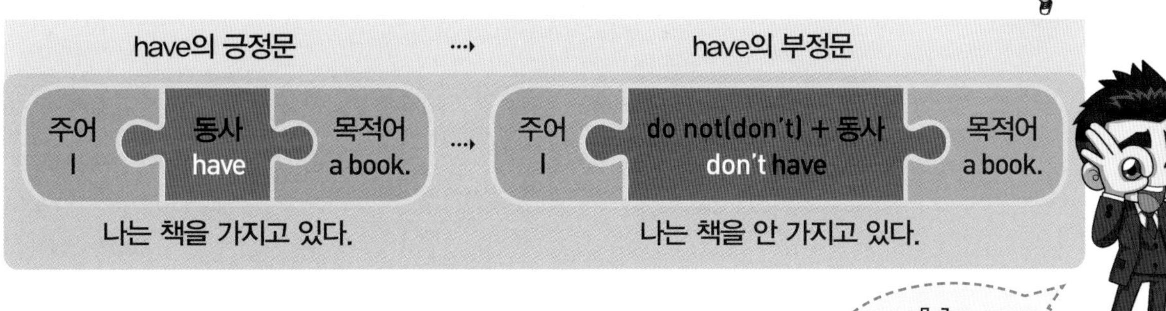

have의 긍정문
have의 부정문
주어 I
동사 have
목적어 a book.
나는 책을 가지고 있다.
주어 I
do not(don't) + 동사 don't have
목적어 a book.
나는 책을 안 가지고 있다.

물론이지. open이나 spend 대신으로도 쓰는걸?

step 2. 문법 정리

have를 쓴 문장과 have를 대신해서 어떤 다른 동사가 쓰였는지 살펴볼까?

	have를 쓴 문장	···›	다른 동사를 쓴 문장
그는 큰 차를 가지고 있다.	He has a big car.	···›	He owns a big car.
그들은 점심을 함께 먹는다.	They have lunch together.	···›	They eat lunch together.
우리는 좋은 시간을 보낸다.	We have a good time.	···›	We spend a good time.
너는 감기에 안 걸렸다.	You don't have a cold.	···›	You don't catch a cold.
나는 여행을 안 간다.	I don't have a trip.	···›	I don't take a trip.
그는 생일 파티를 안 열었다.	He doesn't have a birthday party.	···›	He doesn't throw a birthday party.

step 3. 문법 대화

일반 동사 have가 나온 대화를 한번 들어 봐!

문법 2 • Grammar 2

step 1. 문법 강의

조동사 should에 대해서도 알아보자! 4권에서 조동사를 배웠지? 조동사 must에 비해 의미는 약하지만 당연히 해야 할 일을 말할 때 should를 쓸 수 있어. '~하는 게 좋겠다', '~해야 한다'라는 뜻으로 조언이나 충고를 할 때 써.

조동사 should의 뜻	
~하는 게 좋겠다(조언)	**You should be quiet.** 너는 조용히 하는 게 좋겠다.
~해야 한다(충고)	**You should go to bed early.** 너는 일찍 잠자리에 들어야 한다.

should의 부정문은 should 뒤에 not을 써 주면 돼. 줄여서 shouldn't라고도 써. 그러면 '~하지 않는 게 좋겠다', '~하면 안 된다'라는 뜻이 되지.

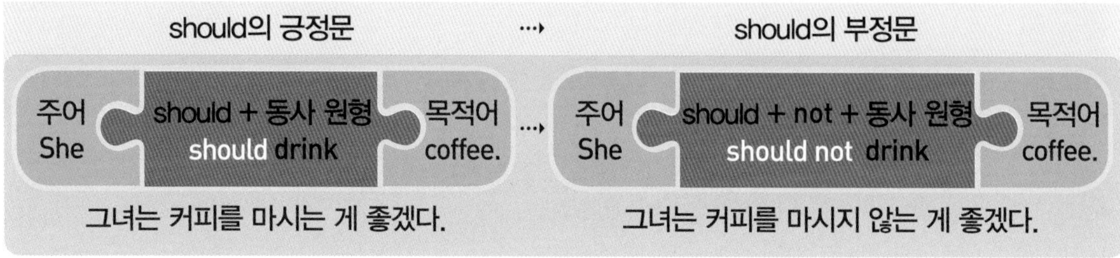

조동사의 종류에는 여러 가지가 있는데, 말하고자 하는 의도에 맞게 조동사를 알맞게 써야 해.

조동사의 종류	의도	의도에 맞는 조동사 활용
can	가능	**You can go.** 너는 갈 수 있다.
may	허락	**You may go.** 너는 가도 된다.
must / should	의무 / 조언	**You must go.** 너는 가야 한다. **You should go.** 네가 가는 게 좋겠다.
could / would	공손한 요청	**Could I go?** 제가 가도 될까요?

step 2. 문법 정리

조동사 should를 활용한 문장을 살펴볼까?

조동사 should의 긍정문	
나는 지금 집에 가는 게 좋겠다.	I should go home now.
너는 규칙을 지키는 게 좋겠다.	You should follow the rule.
너는 빨간 불에는 멈춰야 한다.	You should stop at a red light.
그는 빨리 집에 가야 한다.	He should go home early.

조동사 should의 부정문	
나는 어두워진 후에 밖에 나가면 안 된다.	I shouldn't go out after dark.
너는 화내지 않는 게 좋겠다.	You shouldn't get angry.
그는 너무 열심히 일하지 않는 게 좋겠다.	He shouldn't work too hard.
그들은 친구와 싸우면 안 된다.	They shouldn't fight with friends.

step 3. 문법 대화

조동사 should가 나온 대화를 한번 들어 봐!

·g· 문법 3 • Grammar 3

step 1. 문법 강의

should의 의문문은 'Should + 주어 + 동사 원형~?'의 순서로 만들면 돼.
그러면 '~하는 게 좋을까?', '~해야 할까?'라는 뜻이 되지.

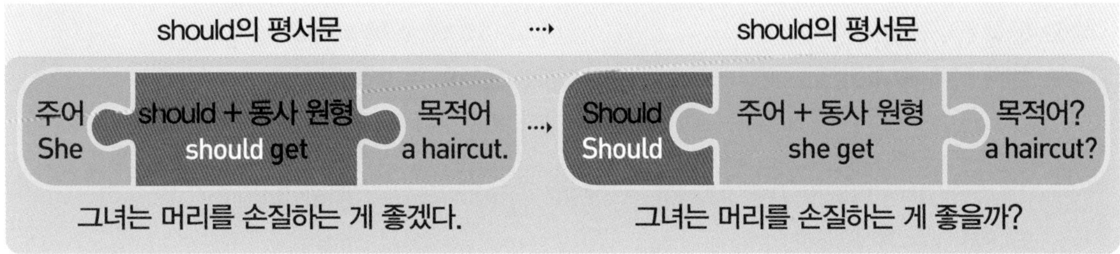

답은 아래처럼 하면 돼. 정말 간단하지?

조동사 should의 의문문에 대한 답	
긍정일 때	부정일 때
Yes, 주어 + **should.**	**No**, 주어 + **shouldn't.**

내가 무엇을 해야 하는지 상대방에게 조언을 구하고 싶다면 어떻게 질문해야 할까?
그럴 땐 'What should I~'라는 문장 패턴을 이용해 봐!
주어 뒤에는 조언을 구하고 싶은 어떠한 일이 동사 원형으로 나온다는 것을 잊지 마!

'What should I~'를 이용한 의문문
What should I wear? 나는 무엇을 입는 게 좋을까?

What should I wear?
You should wear a dress.

동영상 강의 보기
QR코드를 찍어 봐!

step 2. 문법 정리

조동사 should의 평서문을 의문문으로 바꾸어 봐!

조동사 should의 평서문	···›	조동사 should의 의문문
내가 그녀를 부르는 게 좋겠다. I should call her.	···›	내가 그녀를 부르는 게 좋을까? Should I call her?
나는 학교에 가는 게 좋겠다. I should go to school.	···›	나는 학교에 가는 게 좋을까? Should I go to school?
우리가 그에게 진실을 말하는 게 좋겠다. We should tell him the truth.	···›	우리가 그에게 진실을 말하는 게 좋을까? Should we tell him the truth?
나는 영어를 공부하는 게 좋겠다. I should study English.	···›	나는 영어를 공부하는 게 좋을까? Should I study English?

step 3. 문법 대화

'What should I~'를 이용한 의문문이 나온 대화를 한번 들어 봐!

What should I do?
You should see a doctor!

3교시 게임 • Recess

그림과 어울리는 영어 단어를
찾는 게임을 해 볼까? 1교시 때
배운 단어를 잘 떠올려 봐!

우아, 재미있겠다!
얘들아, 우리 함께
맞혀 볼까?

- cough
- fever
- runny nose
- the Black Death

이번에는 몸과 관련된 퍼즐을 보고,
각 부위의 명칭을 영어로 써 봐!

Body

이렇게 잘 맞히다니!
역시 난 의사가
잘 어울린다니까!

노놉,
의사는 이 나우 님이
더 잘 어울린다고!

＊정답은 162~163쪽에 있습니다.

4교시 읽고 쓰기 • Reading & Writing

step 1. 읽기

자유자재로 영어를 읽고, 쓰고, 말하고 싶다면 문장 만들기 연습을 반복해야 하지.
먼저 다음 문장들이 익숙해질 때까지 읽어 볼까?

• 그는 큰 차를 가지고 있다.	**He has a big car.**
• 그들은 점심을 함께 먹는다.	**They have lunch together.**
• 우리는 좋은 시간을 보낸다.	**We have a good time.**
• 그녀는 목이 아프다.	**She has a sore throat.**
• 나는 책을 안 가지고 있다.	**I don't have a book.**
• 나는 여행을 안 간다.	**I don't have a trip.**
• 너는 감기에 안 걸렸다.	**You don't have a cold.**
• 그는 생일 파티를 안 열었다.	**He doesn't have his birthday party.**
• 너는 조용히 하는 게 좋겠다.	**You should be quiet.**
• 너는 일찍 잠자리에 들어야 한다.	**You should go to bed early.**
• 나는 지금 집에 가는 게 좋겠다.	**I should go home now.**
• 너는 규칙을 지키는 게 좋겠다.	**You should follow the rule.**
• 너는 빨간 불에는 멈춰야 한다.	**You should stop at a red light.**
• 그는 빨리 집에 가야 한다.	**He should go home early.**

문장 만들기 연습

1회 ☐ 2회 ☐ 3회 ☐

• 너는 방을 가지고 있니?	Do you have your room?
• 그녀는 허리가 아프니?	Does she have a backache?
• 나는 어두워진 후에 밖에 나가면 안 된다.	I shouldn't go out after dark.
• 너는 화내지 않는 게 좋겠다.	You shouldn't get angry.
• 너는 여기서 뛰면 안 된다.	You shouldn't run here.
• 그녀는 커피를 마시지 않는 게 좋겠다.	She shouldn't drink coffee.
• 그는 너무 열심히 일하지 않는 게 좋겠다.	He shouldn't work too hard.
• 우리는 불량 식품을 먹지 않는 게 좋겠다.	We shouldn't eat junk food.
• 그들은 친구와 싸우면 안 된다.	They shouldn't fight with friends.
• 그녀는 머리를 손질하는 게 좋을까?	Should she get a haircut?
• 내가 그녀를 부르는 게 좋을까?	Should I call her?
• 우리가 그에게 진실을 말하는 게 좋을까?	Should we tell him the truth?
• 응, 너는 그러는 게 좋겠다.	Yes, you should.
• 아니, 우리는 그러지 않는 게 좋겠다.	No, we shouldn't.
• 나는 지금 무엇을 하는 게 좋을까?	What should I do now?
• 나는 무엇을 입는 게 좋을까?	What should I wear?

NEXT

4교시 읽고 쓰기 • Reading & Writing

step 2. 쓰기

익숙해진 문장들을 이제 한번 써 볼까? 괄호 안의 단어를 보고, 순서에 맞게 문장을 만들어 보자.

❶ 그는 큰 차를 가지고 있다. **(a, big, has, car, He)**

____.

❷ 그들은 점심을 함께 먹는다. **(lunch, have, They, together)**

____.

❸ 그는 생일 파티를 안 열었다. **(He, a, birthday, have, doesn't, party)**

____.

❹ 너는 감기에 안 걸렸다. **(don't, have, a, You, cold)**

____.

❺ 그녀는 목이 아프다. **(has, She, a, sore throat)**

____.

❻ 너는 조용히 하는 게 좋겠다. **(be, You, quiet, should)**

____.

❼ 나는 지금 집에 가는 게 좋겠다. **(I, go, should, now, home)**

____.

❽ 너는 규칙을 지키는 게 좋겠다. **(should, You, the, follow, rule)**

____.

이제 should의 부정문과 의문문을 영어로 써 볼까? 영작을 하다 보면 실력이 훨씬 늘 거야. 잘 모르겠으면, 아래에 있는 WORD BOX를 참고해!

❶ 나는 어두워진 후에 밖에 나가면 안 된다. ______________________.

❷ 너는 화내지 않는 게 좋겠다. ______________________.

❸ 그는 너무 열심히 일하지 않는 게 좋겠다. ______________________.

❹ 그들은 친구와 싸우면 안 된다. ______________________.

❺ 그녀는 머리를 손질하는 게 좋을까? ______________________?

❻ 내가 그녀를 부르는 게 좋을까? ______________________?

❼ 우리가 그에게 진실을 말하는 게 좋을까? ______________________?

❽ 나는 지금 무엇을 하는 게 좋을까? ______________________?

WORD BOX

• shouldn't	• Should	• get	• hard	• friends	• the	• we
• angry	• You	• out	• after	• with	• truth	
• she	• I	• He	• dark	• fight	• a	
• work	• her	• go	• too	• now	• him	
• call	• They	• What	• do	• haircut	• tell	

• 정답은 162~163쪽에 있습니다.

우리가 일곱 번째로 다녀온 곳은 바로 444 유니버스란다. 흑사병이 유행하는 유니버스로 중세 영국 런던이 있는 곳이지. 또한 이곳은 조동사의 유니버스이기도 해. 어떤 곳인지 좀 더 자세히 알아볼까?

◀444 유니버스
위치 888 유니버스에서 가까운 곳
상황 중세 영국 런던에 흑사병이 널리 퍼져 사람들의 생명을 앗아 가고 있음.
키 문장 We should see a doctor!

흑사병의 대유행을 막지 못했다면 444 유니버스는 어떻게 되었을까요?

444 유니버스 이야기: 조동사 should

인구가 줄어들다가 결국 유니버스는 사라지겠지. 그러면 지구에 있는 영국도 사라지고, 결국 영어도 사라졌을 거야!

444 유니버스는 흑사병이 퍼진 유니버스예요. 흑사병은 위험한 전염병으로, 반드시 올바른 치료가 필요하지요. 하지만 이 유니버스의 사람들은 점성술사인 마스터 야옹이 만든 '스타워터'만 마시면 흑사병이 낫는다고 믿고 있어요. 이런 위기 속 유니버스에 온 예스잉글리시단은 자신감이 없는 의사 수습생 아론을 만나게 돼요.

아론은 환자를 관찰하고 아픈 곳을 짚어 내는 진정한 의사예요. "You have the Black Death." 아론은 정확한 진단으로 흑사병 환자를 가려내지요. 처음에는 아론의 말을 무시했던 사람들도 예스잉글리시단의 활약 덕분에 아론의 진심을 알고, 그 충고를 따르게 되었어요. 조언과 충고를 뜻하는 조동사 should가 들어간 키 문장도 찾아냈지요. 444 유니버스의 키 문장인 "We should see a doctor!"는 의사를 꼭 만나야 하는 사람들과 아론을 만나게 해 준 소중한 말이에요.

우리 지구의 실제 이야기: 흑사병

흑사병은 '페스트'라고도 하는데, 페스트균이 일으키는 급성 전염병이에요. 흑사병은 주로 페스트균에 감염된 쥐에 기생하는 벼룩이 옮긴다고 해요. 이 벼룩이 쥐의 피를 빨아 먹고 흑사병에 걸리는데, 이 벼룩에게 물린 사람도 흑사병에 걸리게 되지요. 흑사병으로 중세 유럽 인구의 3분의 1 정도가 희생되었다고 해요. 흑사병은 유럽의 큰 골칫거리였기 때문에 페스트를 뜻하는 영어 단어인 'pest'는 '해충', '유해동물', '성가신 사람', '골칫거리'를 뜻하지요.

흑사병이 유행하던 시절, 유럽에서 의사는 이발사이기도 했어요. 이발사 겸 외과 의사를 부르는 'barber surgeon'이라는 말도 있는데, 시간이 흘러 지금은 '돌팔이 의사'라는 뜻으로 쓰인답니다.

© 위키미디어

▲ 파울 퓌르스트가 판화에 그린 로마의 새 부리 의사

팬데믹(pandemic)

팬데믹은 유행병, 혹은 이 유행병이 전 세계에 퍼져 많은 사람의 목숨을 위협받는 상황을 말해요.
대표적인 팬데믹으로는 흑사병과 스페인독감, 코로나바이러스감염증-19가 있어요. 그 가운데 1300년대에 발생한 흑사병은 수년에 걸쳐 유럽에 대규모 피해를 가져온 최악의 전염병이에요.

©크리에이티브 커먼즈

조반니 보카치오가 그린 ▶ 1348년 피렌체의 흑사병 모습

전염병은 정말 위험한 거 같아요.

손을 깨끗이 씻고, 마스크를 잘 쓰면 어느 정도는 예방할 수 있단다. 몸을 건강히 지켜야 재미있는 영어 공부도 계속할 수 있겠지?

6교시 말하기 • Speaking

step 1. 대화 보기

만화에서 나오는 대사, '아이엠 쏘리(I am sorry)!'는 어떨 때 쓰는 걸까?

step 2. 대화 더하기

'아이엠 쏘리(I am sorry)!'는 '미안하다'는 뜻도 있지만, 여기서는 '안됐다'라는 뜻으로 쓰였어. 상대방한테 안 좋은 일이 생겼을 때, 안타까운 마음과 위로해 주고 싶은 마음을 담아 '아이엠 쏘리(I am sorry)!'라고 말하기도 하거든. 그렇다면 이와 비슷한 의미로 쓰이는 영어 표현들은 뭐가 있을까? 친구들이 하는 말을 듣고 따라 해 보렴.

한눈에 보는 이번 수업 핵심 정리

여기까지 열심히 공부한 여러분 모두 굿 잡!
어떤 걸 배웠는지 떠올려 볼까?

1. 일반 동사 have의 다양한 사용을 배웠어.

일반 동사 have는 대표적인 뜻인 '가지다, 소유하다' 말고도 '(병이) 있다, (행사를) 열다, (시간을) 보내다, 먹다' 등의 여러 뜻을 가지고 있어 다양하게 활용할 수 있어.

2. 조동사 should를 배웠어.

조동사 should는 '~하는 게 좋겠다', '~해야 한다'라는 뜻으로 조언이나 충고를 할 때 써.
부정문을 만들 때는 should 뒤에 not을 써 주면 돼. 줄여서 shouldn't라고도 써. '~하지 않는 게 좋겠다', '~하면 안 된다'라는 뜻이 되지.
의문문을 만들 때는 'Should + 주어 + 동사 원형~?'의 순서로 만들면 돼. '~하는 게 좋을까?', '~해야 할까?'라는 뜻이 되지.

어때, 쉽지? 다음 시간에 또 보자!

수업 시간에 잘 들었는지 쪽지 시험을 한번 볼까?

1. 증상을 나타내는 단어가 아닌 것은 무엇일까요?

2. have로 대신 쓸 수 있는 동사가 아닌 것은 무엇일까요?

3. 조동사가 아닌 것은 무엇일까요?

4. 다음 중 틀린 말은 어느 것일까요?

① can은 '~ 할 수 있다'는 뜻이다.
② must, have to는 '~해야 한다'는 뜻이다.
③ should는 '~하는 게 좋겠다'는 뜻이다.
④ should는 must보다 해야 할 일을 강하게 표현하는 조동사이다.

5. 다음 중 올바른 문장은 무엇일까요?

① **I go should home now.**

② **He should go to bed early.**

③ **Should stop you at a red light?**

④ **Should call I her?**

6. 다음 중 틀린 문장은 무엇일까요?

① **I shouldn't go out after dark.**

② **He shouldn't work too hard.**

③ **We eat shouldn't too much junk food.**

④ **Should we tell him the truth?**

7. 문장의 빈칸을 완성해 보세요.

① 너는 규칙을 지키는 게 좋겠다. **You (　　　　) (　　　　) the rule.**

② 그들은 친구와 싸우면 안 된다. **They (　　　　) fight with friends.**

③ 너는 화내지 않는 게 좋겠다. **You (　　　　) (　　　　) angry.**

④ 나는 지금 무엇을 하는 게 좋을까? **(　　　　) (　　　　) I do now?**

8. 다음 문장을 완성해 보세요.

* 정답은 162~163쪽에 있습니다.

수업 끝!

정답 • Answer

P 143

• 감기	cold	• 약국	drugstore
• 열	fever	• 질병	disease
• 기침	cough	• 위	stomach
• 두통	headache	• 치아	tooth
• 의사	doctor	• 배	belly

P 150~151

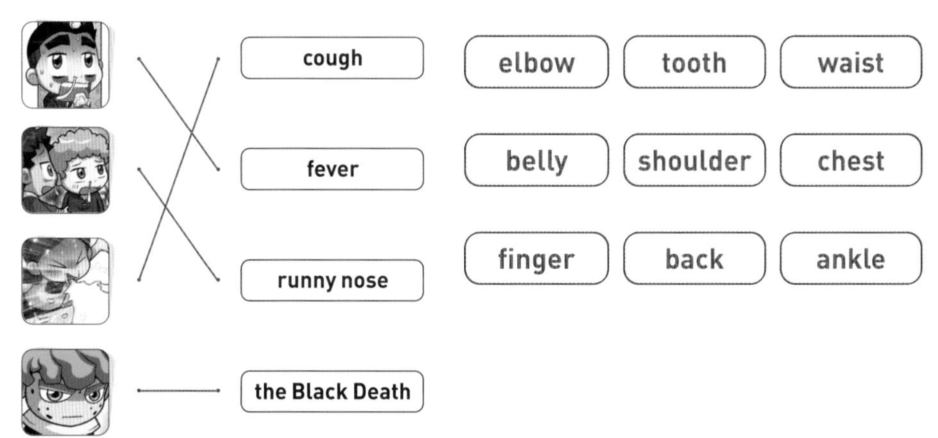

P 154

❶ He has a big car

❷ They have lunch together

❸ He doesn't have a birthday party

❹ You don't have a cold

❺ She has a sore throat

❻ You should be quiet

❼ I should go home now

❽ You should follow the rule

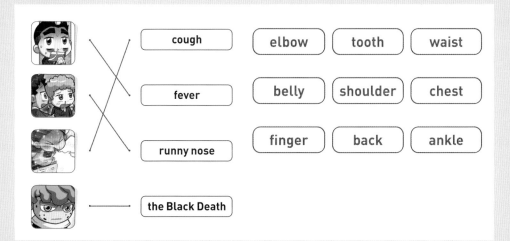

P 155

❶ I shouldn't go out after dark

❷ You shouldn't get angry

❸ He shouldn't work too hard

❹ They shouldn't fight with friends

❺ Should she get a haircut

❻ Should I call her

❼ Should we tell him the truth

❽ What should I do now

P 160

1. 2. 3. 4. ④

P 161

5. ②

6. ③

7. ❶ (should) (follow)
❷ (shouldn't)
❸ (shouldn't) (get)
❹ (What) (should)

8. (should) (see)

다음 권 미리 보기

지령서

노잉글리시단의 행동 대장 트릭커!
다시 한번 기회를 주겠다!
다음 목적지는 369 유니버스다! 당장 떠나라!

WARNING

목적지: 369 유니버스
위치: 지구에서 그리 멀지 않은 곳
특징: 옐로스톤 공원 유니버스로,
늑대가 사라져서 곳곳에 문제가 생기고 있다.

보스가 주는 지령

369 유니버스의 옐로스톤 공원은 겉으론 평화로워 보이지만
사실 언제 화산이 터질지 모르는 곳이다!
어서 가서 화산이 터지기도 전에 그 유니버스를 파괴해 버려라!
그렇게 된다면 지구에서 자연과 동물에 관련된 영어가
몽땅 사라져 버릴 것이다.
어떻게 파괴하냐고? 나 참, 이렇게 방법을 다 알려 줘야 하다니.
몇 년 전부터 그 유니버스에서 어떤 동물들이 미움받고 있다고 한다.
그걸 잘만 이용한다면 그곳의 균형은 완전히 무너질 것이다.
이번에야말로 그 유니버스를 예스잉글리시단의 무덤으로 만들어라!
아, 참! 그곳을 지키는 주니어 레인저를 조심하도록!

노잉글리시단
Mr. 보스

추신: 작전 실패한 스마일을 데려가 네 부하로 써라!

우리의 활약.jpg

우리가 얼마나 잘 해내는지 사진을 남겨 두자냥!

얄미운 녀석의 위기.jpg

이 기회, 절대 놓칠 수 없어!